W0252078

Disney
Winnie Puuh

Mein erstes Bildwörterbuch

XENOS

Dieses Buch gehört:

ISBN: 3-8212-3054-1
© 2005 Disney Enterprises, Inc.
Basierend auf den „Winnie the Pooh"-Werken
von A. A. Milne und E. H. Shepard
Verantwortlich für diese Ausgabe:
XENOS Verlagsgesellschaft mbH,
Am Hehsel 40, 22339 Hamburg
Konzept und Text: Bettina Grabis
Gestaltung: Velte Design, Hamburg
Printed in Slovakia

Inhalt

Das Geburtstagsfest

Christopher Robin hat heute Geburtstag! Er gibt ein großes Fest, zu dem er alle seine Freunde eingeladen hat.

Eisbecher

Kuchenstück

Luftballons

Bonbons

Weißt du auch, wer zu Christopher Robins Geburtstagsfest gekommen ist?

Kuchen

Girlande

Partyhut

Teekanne

Buntstift

Farbkasten

Pinsel

Was trägt Ferkel, damit
er sich nicht bekleckert?

Ferkel bastelt

Ferkel möchte für alle eine Teeparty geben. Deshalb bastelt er hübsche Einladungen. Hier kannst du sehen, was er dazu alles braucht.

Bild

Papier

Klebstoff

Schere

Kennst du die Farben?

Ferkel und Winnie Puuh malen bunte Bilder. Dazu hat Ferkel alle seine Farben ausgepackt.

Was hat Ferkel auf seine Leinwand gemalt?

grau

orange

braun

lila

rot grün gelb blau

Und wen hat Winnie Puuh gezeichnet?

beige weiß rosa schwarz

Eine tolle Spielzeugkiste

Da staunt Tigger aber, als Christopher Robin seine große Spielzeugkiste öffnet. Jeder darf sich daraus etwas zum Spielen aussuchen.

Ball Kegel Holzpferd Boot

Was für einen
Hut trägt Ferkel?
Eisenbahn
Kreisel
Buch
Teddybär

Tiere im

Der kleine Biber hat sich verlaufen. Kanga und Klein Ruh wollen ihm helfen, seine Familie wiederzufinden. Unterwegs treffen sie auch andere Bewohner des Hundert-Morgen-Waldes.

Vogel

Reh

Hundert-Morgen-Wald

Am Fluss

Was sammelt I-aah am Ufer?

Fische

Enten

Biber

Rabbit und I-aah warten am Fluss auf ihre Freunde. Gemeinsam wollen sie an der Brücke Stockwerfen spielen. Schau, da kommen Klein Ruh, Winnie Puuh und Tigger schon angelaufen!

Frosch

Brücke

Schilf

Was fliegt und was krabbelt

Womit hält Tigger Ausschau nach Insekten?

Bienen

Ameise

Raupe

Marienkäfer

Libelle

Ferkel und Tigger machen sich auf die Suche nach den kleinsten Bewohnern des Hundert-Morgen-Waldes. So entdecken sie am Teich wunderschöne Libellen.

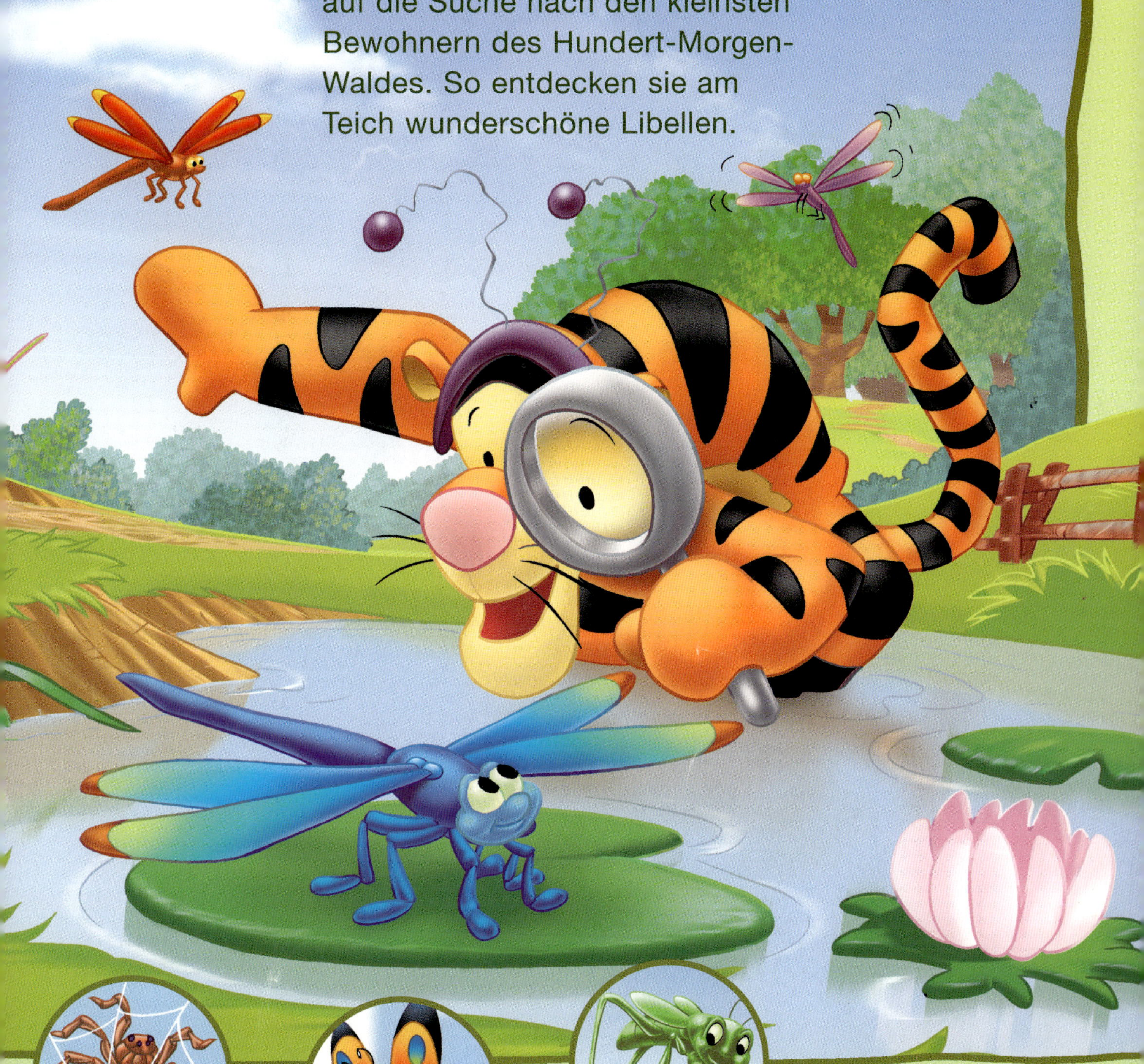

Spinne

Schmetterling

Grashüpfer

Im Frühling

Im Frühling erwacht der Hundert-Morgen-Wald aus seinem Winterschlaf. An den Bäumen sprießen Blätter, das Gras wird wieder saftig grün und die ersten Blumen strecken die Köpfe aus der Erde.

Im Frühling fällt viel **Regen** vom Himmel.

Rabbit verbringt seine Zeit jetzt am liebsten im **Garten**.

wenn alles erwacht

Was für einen
Mantel trägt Puuh?

Ferkel macht jetzt
seinen **Frühjahrsputz**.

Puuh schenkt Ferkel
einen **Blumenstrauß**.

Hurra, der Sommer ist da!

Endlich können Winnie Puuh und seine Freunde den ganzen Tag im Freien spielen.

Jetzt gibt es viele **Regenbogen.**

Erzähle einmal, was Puuh und seine Freunde gerade machen.

Klein Ruh planscht im **Wasser.**

Vor Freude kullern alle über die **Wiese.**

In Rabbits Garten wachsen die schönsten **Blumen.**

Spaß im Herbst!

Wenn der Wind die ersten Blätter von den Bäumen weht, wissen Winnie Puuh und seine Freunde, dass der Herbst gekommen ist.

Puuh und Ruh lassen ihre **Drachen** steigen.

Wie heißen die großen, dicken Früchte, die Rabbit im Herbst erntet?

Tigger liebt es, durchs **Laub** zu springen.

Ferkel sammelt einen Korb voll **Eicheln.**

Im Herbst weht oft ein kräftiger **Wind.**

Im Winter,

Kanga stapft gerne durch den **Schnee.**

Über Nacht hat eine dicke, weiße Schneedecke den Hundert-Morgen-Wald überzogen. Darauf haben Winnie Puuh und seine Freunde schon lange gewartet.

Tigger schlittert übers **Eis.**

wenn alles weiß wird

Was tragen die
Freunde um den Hals?

Rabbit fährt auf
seinem neuen
Schlitten.

Puuh, Tigger
und Ferkel
bauen einen
Schneemann.

eins

1

zwei

2

drei

3

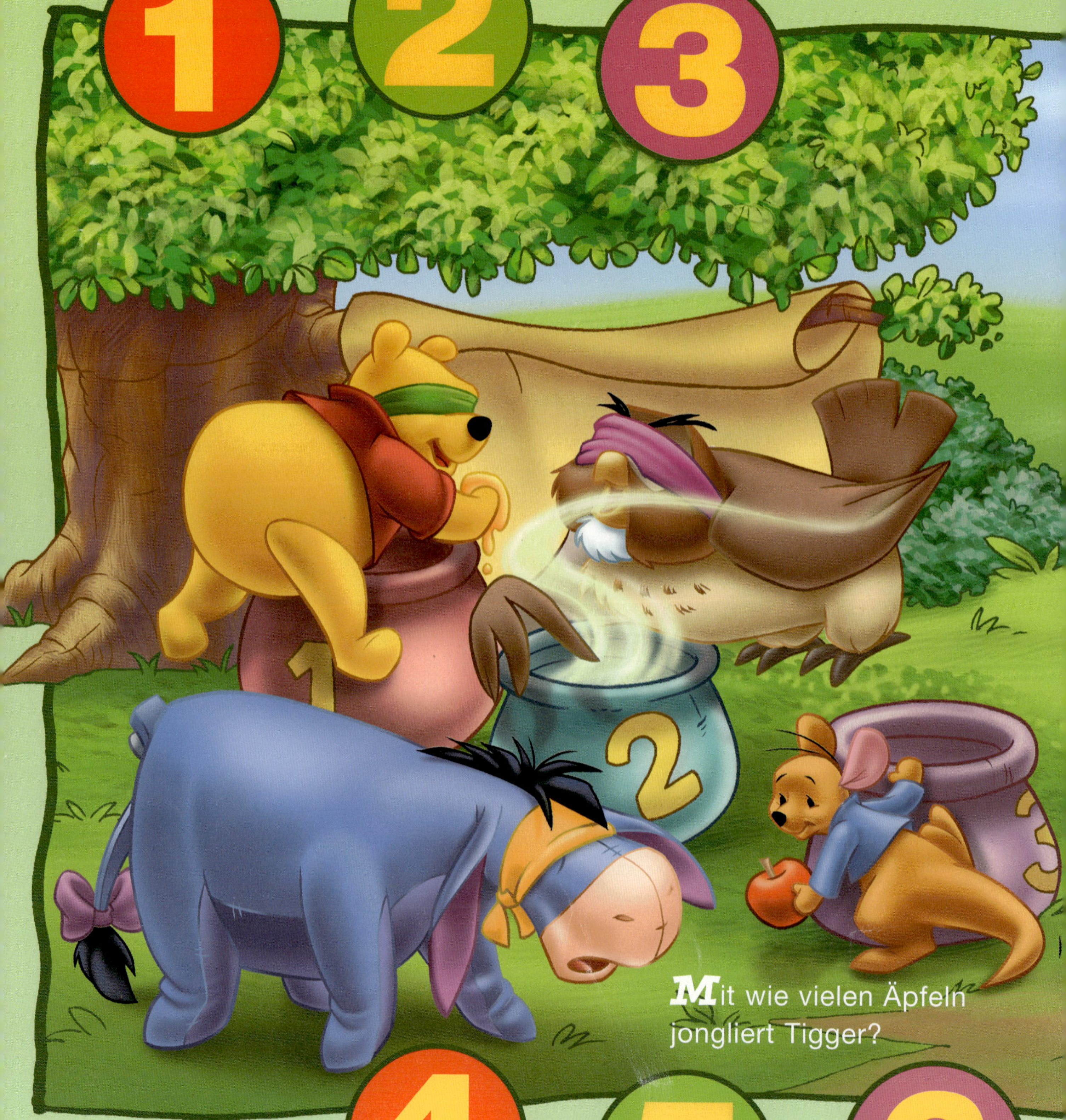

Mit wie vielen Äpfeln jongliert Tigger?

4

vier

5

fünf

6

sechs

Kennst du die Zahlen?

Rabbit bringt allen das Zählen bei. Um noch mehr Spaß dabei zu haben, werden allen, die bei diesem Spiel mitmachen, die Augen verbunden. Dann versucht jeder, ohne dass er sehen kann, drei gleiche Gegenstände zu finden.

7 sieben

8 acht

9 neun

10 zehn

Voller Stolz zeigt Rabbit seinen tollen Garten und erklärt seinen Freunden, was ein richtiger Gärtner alles braucht.

Samen

Gießkanne

Eimer

In Rabbits Garten

Welches Gemüse isst Rabbit am liebsten?

Harke

Vogelscheuche

Beet

Welche Farbe hat
Ruhs Luftballon?
Karotte
Tomaten
Salatkopf
Kartoffeln

Frisches Gemüse

Kanga möchte für Klein Ruh eine leckere Gemüsesuppe kochen. In Rabbits Garten bekommt sie alles an Gemüse, was sie dazu braucht.

Erbsen

Kürbis

Erdhügel

Baum

Stöcke

Winnie Puuh und I-aah sammeln um die Wette Stöcke. Wer am meisten findet, bekommt von Tigger einen tollen Preis, den er selbst gebastelt hat.

Auf der Wiese

Was hat Tigger gebastelt?

Baumstamm

Blumen

Gebüsch

Lustiges Picknick

Christopher Robin hat alle Freunde zu einem lustigen Picknick eingeladen. Tigger und Ferkel helfen ihm schon bei den Vorbereitungen. Mmh, sieht das alles lecker aus!

Senfglas

Picknickkorb

Äpfel

Worauf wird gepicknickt?

In Rabbits Küche

Kochlöffel

Gedeck
(Teller, Gabel
und Becher)

Einmachgläser

Eierkorb

Worauf kocht Rabbit das Apfelmus?

Ein süßer Duft zieht durch den Hundert-Morgen-Wald: Neugierig folgt Tigger ihm zu Rabbits Haus. Was riecht denn da so gut? In zwei großen Töpfen kocht das Langohr Apfelmus – genug für ihn und alle seine Freunde.

Topf

Gewürzregal

Gabel

Obstschale

Zu Besuch bei Kanga

Worauf tritt Puuh, wenn er durch die Eingangstür kommt?

Kerze

Hocker

Spiegel

und Klein Ruh

Winnie Puuh besucht Klein Ruh.
Gemeinsam wollen die beiden lustige
Kartoffelmännchen basteln.

Kennst du die Formen?

Welche Form hat Ferkel auf die Leinwand gemalt?

Winnie Puuh möchte gerne verschiedene Formen zeichnen. Doch leider fällt ihm im Moment keine einzige ein. Gut, dass Ferkel da ist, denn der kennt sich gut mit Formen aus!

Die Freunde spielen Piraten

Puuh und seine Freunde haben sich als Piraten verkleidet. Im Hundert-Morgen-Wald gehen sie gemeinsam auf die Reise und Suche.

Mannschaft

Schatzkarte

Schwert

Augenklappe

Und wonach suchen die Piraten?

Piratenhut

Fernrohr

Gold

Bei Nacht am Lagerfeuer

Welcher von Puuhs Freunden ist ein echter Nachtschwärmer?

Zelt

Lagerfeuer

Es ist schon kurz vor Mitternacht. Doch bevor alle schlafen gehen, erzählt Tigger am Lagerfeuer noch eine gruselige Geschichte. Alle hören begeistert zu, nur Ferkel fürchtet sich ein bisschen.

Winnie Puuh und

Und was essen die Freunde zum Tee?

Christopher Robin

Ferkel

Kanga

Rabbit

seine Freunde

Winnie Puuh hat seine Freunde zum Tee eingeladen. Die meisten sind schon da. Nur einer fehlt noch. Weißt du wer?

Tigger

Eule

Klein Ruh

I-aah

Hast du alles gewusst?

Antwort zu:

Seite 4/5
Winnie Puuh, Ferkel, Klein Ruh und Tigger sind zu Christopher Robins Geburtstagsfest gekommen.

Seite 6/7
Ferkel trägt eine Schürze.

Seite 8
Ferkel hat ein Boot gemalt.

Seite 9
Winnie Puuh hat Tigger gezeichnet.

Seite 10/11
Ferkel trägt einen Piratenhut.

Seite 12/13
Das Junge des Rehs wird Kitz genannt.

Seite 14/15
I-aah sammelt Kieselsteine.

Seite 16/17
Tigger hält mit einer Lupe Ausschau nach Insekten.

Seite 18/19
Puuh trägt einen Regenmantel.

Seite 22/23
Die großen, dicken Früchte heißen Kürbisse.

Seite 24/25
Im Winter tragen Puuh und seine Freunde einen Schal um den Hals.

Seite 26/27
Tigger jongliert mit fünf Äpfeln.

Seite 28/29
Karotten isst Rabbit am liebsten.

Seite 30/31
Ruhs Luftballon ist blau.

Seite 32/33
Tigger hat eine Maske gebastelt.

Seite 34/35
Auf der Decke wird gepicknickt.

Seite 36/37
Rabbit kocht das Apfelmus auf dem Herd.

Seite 38/39
Winnie Puuh tritt auf eine Fußmatte.

Seite 40/41
Ferkel hat ein Herz gemalt.

Seite 42/43
Die Piraten suchen nach einem Schatz.

Seite 44/45
Eule ist ein Nachtschwärmer.

Seite 46/47
Puuh und seine Freunde essen zum Tee Kekse.